Dieser Sammelband enthält:

Willi Fährmann / Astrid Krömer
Das Wunder von Bethlehem

Ulrike Kaup / Daniele Winterhager
Kommt ein Engel geflogen

Doris Wiederhold / Renate Cossmann
Als Weihnachten beinahe ausgefallen wäre

Greta Carolat / Dorothea Ackroyd
Hillerström hilft dem Weihnachtsmann

In neuer Rechtschreibung

1. Auflage 2006
© Edition Bücherbär im Arena Verlag GmbH, Würzburg 2006
Bereits als Einzelbände beim Verlag erschienen.
Texte: Willi Fährmann, Ulrike Kaup,
Doris Wiederhold, Greta Carolat
Innenillustrationen: Astrid Krömer, Daniele Winterhager,
Renate Cossmann, Dorothea Ackroyd
Coverillustration: Miriam Cordes
Alle Rechte vorbehalten
Gesamtherstellung Westermann Druck Zwickau GmbH
ISBN 3-401-09080-1
ISBN 978-3-401-09080-1

www.arena-verlag.de

Es wird Weihnacht überall

Die schönsten Bilderbuch-Geschichten

Das Wunder von Bethlehem

Die Weihnachtsgeschichte neu erzählt
von Willi Fährmann

Mit Bildern von Astrid Krömer

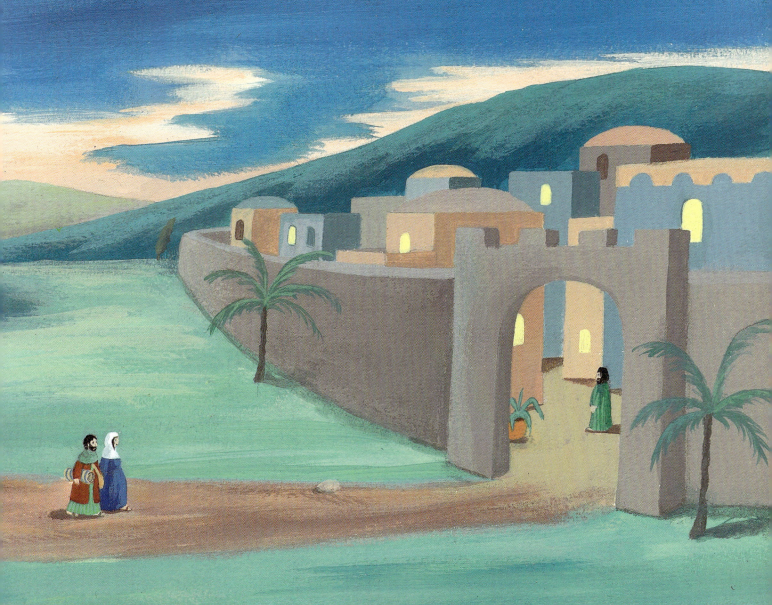

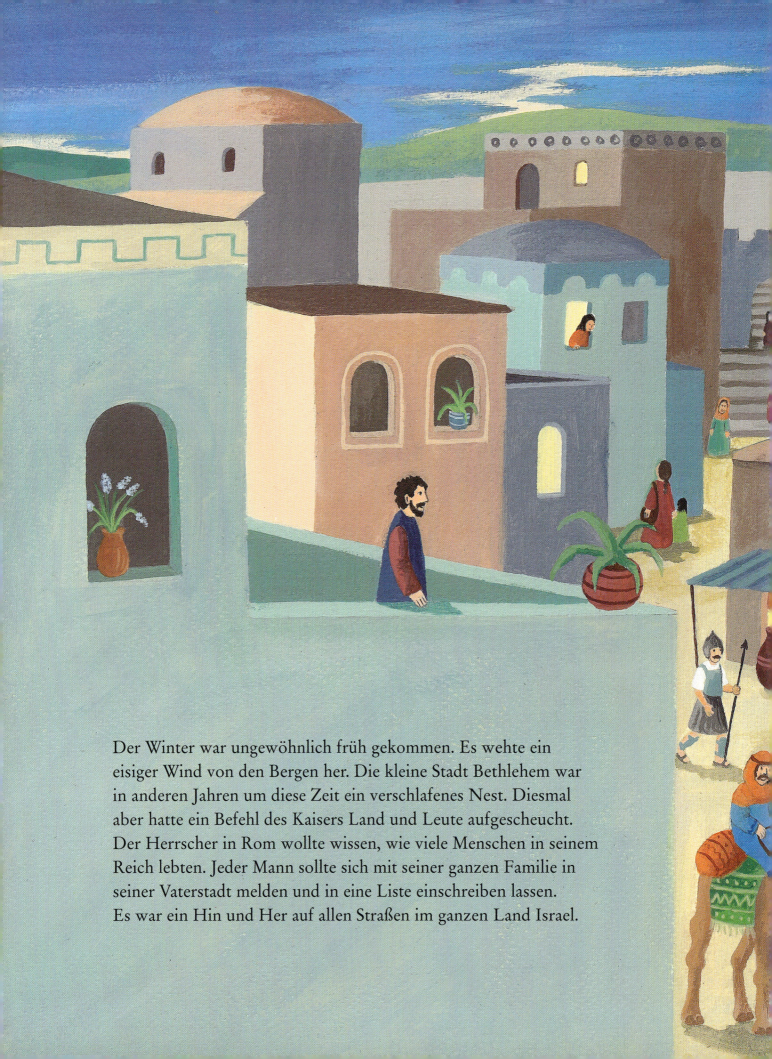

Der Winter war ungewöhnlich früh gekommen. Es wehte ein eisiger Wind von den Bergen her. Die kleine Stadt Bethlehem war in anderen Jahren um diese Zeit ein verschlafenes Nest. Diesmal aber hatte ein Befehl des Kaisers Land und Leute aufgescheucht. Der Herrscher in Rom wollte wissen, wie viele Menschen in seinem Reich lebten. Jeder Mann sollte sich mit seiner ganzen Familie in seiner Vaterstadt melden und in eine Liste einschreiben lassen. Es war ein Hin und Her auf allen Straßen im ganzen Land Israel.

Im Gasthaus „Zum Goldenen Lamm" in Bethlehem war jeder, aber auch jeder Platz besetzt. Selbst im Innenhof des Gebäudes lagerten Gäste mit ihren Eseln und Kamelen. Sie wollten nicht frieren und hatten kleine Feuer angezündet. Daran wärmten sie sich.
Die Wirtsleute hatten alle Hände voll zu tun. In der Küche wurde gekocht, gebrutzelt und gebraten. Die Kinder und die Diener brachten Speisen und Getränke zu den Gästen. Der Wirt sagte zu seiner Frau: „Das wird ein gutes Geschäft in diesen Tagen." Sie nickte ihm zu. Mit der Hand fasste sie an ihren Rücken und seufzte.
„Hast du wieder Schmerzen?", fragte der Wirt.
„Ja, arg", antwortete sie. „Aber ich halte schon durch."

Allmählich wurde es dunkel. Da trat Ruben, der alte Diener, in die Küche.
Eigentlich sollte er an der Tür Wache halten und dafür sorgen, dass niemand ins Haus kam. Schwere Arbeiten konnte er nicht mehr machen. Ein Pferd hatte ihn vor Jahren getreten. Seitdem hatte er ein lahmes Bein.
Ruben ging zu den Wirtsleuten und sagte: „Draußen vor der Tür stehen ein Mann und eine junge Frau. Sie fragen …" Aber der Wirt ließ ihn nicht ausreden. Ärgerlich wies er Ruben zurecht: „Warum hast du ihnen nicht gesagt, dass jeder Winkel in unserem Haus mit Gästen voll gestopft ist? Keine Maus passt mehr hinein. Nichts ist mehr frei.
Das weißt du doch."
„Ja, aber …", sagte Ruben.
„Was aber?"
„Die Frau ist sehr jung und …", Ruben zögerte, fuhr aber dann fort, „und sie wird wohl sehr bald ein Kind zur Welt bringen."
„Ein Kind in einer solchen Nacht", sagte die Wirtin. Sie wandte sich wieder den Pfannen und Töpfen zu.
„Also, geh endlich wieder zur Tür, Ruben. An die Arbeit mit dir", befahl der Wirt.
Der Alte aber verließ die Küche nicht, sondern schaute die Wirtin an und flüsterte: „Was soll ich denen da draußen sagen?"
„Schick sie endlich fort", rief der Wirt ungehalten.
Die Wirtin aber sagte: „Komm, ich gehe mit dir und will mit ihnen sprechen. Vielleicht finden sie in einem anderen Gasthof in der Stadt eine Bleibe."

Die Frau und der Diener traten vor das Haus. Da standen die beiden jungen Leute. „Guten Abend", wünschte die Wirtin. „Wer seid ihr?"
„Ich bin der Zimmermann Josef aus Nazareth", sagte der Mann. „Und das ist meine Frau Maria. Sie wird ..." Er verstummte und zeigte auf ihren Leib. „Sie wird ... Nun, ihr seht es ja selbst. Vielleicht kommt in dieser Nacht unser Kind zur Welt."
„Bestimmt wird es in dieser Nacht geboren", sagte Maria.
Josef bat: „Gebt uns bitte ein Quartier. Eine kleine, bescheidene Kammer würde uns reichen."
Die Wirtin seufzte. „Unser Haus ist wirklich bis in die letzte Ecke hinein belegt. Mein Mann, meine Kinder und ich schlafen selbst schon in einem Verschlag bei den Tieren. Versucht es doch im Gasthaus ‚Zum König David'."
„Dort waren wir schon", antwortete Josef. „Und auch in der Herberge ‚In Abrahams Schoß' und in der ‚Mosesquelle'. Wir haben überall vergebens angeklopft. Der Wirt in ‚Noahs Arche' hat sogar gedroht, seine Hunde auf uns zu hetzen, wenn wir nicht schnell verschwinden. Nirgendwo gibt es einen Platz für uns."
Ratlos war die Wirtin. Was sollte sie auch sagen? Sicher, sie hatte Mitleid mit dem jungen Paar. Aber wie konnte sie helfen?
Da sagte Ruben zu ihr: „Was ist mit dem Stall?"
„Was für einen Stall meinst du?"
„Na, unser Stall draußen im Hirtenfeld. Er steht leer. Nur der alte Ochse steht manchmal in der Nacht darin. Im Stall haben die Leute wenigstens ein Dach über dem Kopf."
Sie nickte, sagte aber dann: „Wie sollen sie den Weg dorthin finden? Sie sind fremd hier. Der Stall liegt weit außerhalb der Stadt. Ich kann nicht mitgehen. Im Haus wird jede Hand gebraucht. Und du musst die Tür hüten."

Ruben zeigte auf den Esel, der vor dem Gasthaus an einem
Eisenring angebunden war. „Unser Grautier kennt den Weg
im Schlaf."
Der Esel schrie laut Iiiaaah, als ob er Ruben verstanden hätte.
Die Wirtin nickte. Ruben band den Esel los.
„Er wird euch sicher führen", sagte er.
Josef bedankte sich und lud dem Esel sein Bündel auf.
Er fasste das Tier am Strick und winkte Ruben und der
Wirtin noch einmal zu. Dann verschwand das Paar mit
dem Tier in der Nacht.
Die Wirtin schaute ihnen nach und sagte zu Ruben: „Die
armen, armen Leute. Ihr Kind soll geboren werden in
einer solch kalten Nacht."
Sie ging zurück an ihre Töpfe.

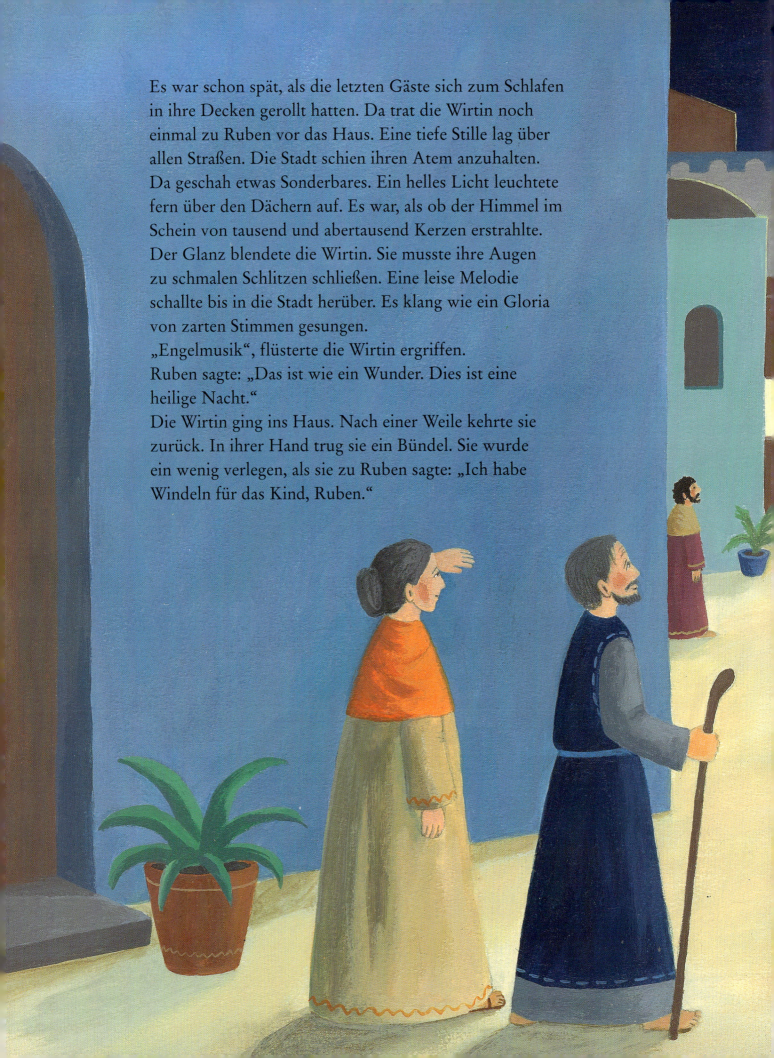

Es war schon spät, als die letzten Gäste sich zum Schlafen in ihre Decken gerollt hatten. Da trat die Wirtin noch einmal zu Ruben vor das Haus. Eine tiefe Stille lag über allen Straßen. Die Stadt schien ihren Atem anzuhalten. Da geschah etwas Sonderbares. Ein helles Licht leuchtete fern über den Dächern auf. Es war, als ob der Himmel im Schein von tausend und abertausend Kerzen erstrahlte. Der Glanz blendete die Wirtin. Sie musste ihre Augen zu schmalen Schlitzen schließen. Eine leise Melodie schallte bis in die Stadt herüber. Es klang wie ein Gloria von zarten Stimmen gesungen.
„Engelmusik", flüsterte die Wirtin ergriffen.
Ruben sagte: „Das ist wie ein Wunder. Dies ist eine heilige Nacht."
Die Wirtin ging ins Haus. Nach einer Weile kehrte sie zurück. In ihrer Hand trug sie ein Bündel. Sie wurde ein wenig verlegen, als sie zu Ruben sagte: „Ich habe Windeln für das Kind, Ruben."

Ohne weiter zu überlegen, schritt sie durch die Gassen
von Bethlehem auf das Hirtenfeld zu. Sie ging so schnell,
dass Ruben ihr mit seinem lahmen Bein kaum folgen konnte.
Als sie das Stadttor erreichten, verblasste das Leuchten am
Himmel mehr und mehr.
Schließlich sahen sie den Stall im Hirtenfeld. Es war sehr finster.
Nur die Sterne funkelten kalt hernieder. Aber durch die Ritzen
der Stalltür drang Licht nach draußen.

Ruben öffnete vorsichtig die Tür. Nirgendwo brannten Kerzen und keine Laterne war zu sehen.
Josef hatte ein kleines Feuer angezündet. Doch die Flammen waren niedergebrannt. Die Glut schimmerte rot. Der helle Schein, der den Stall erleuchtete, schien von der Krippe zu kommen. Maria hatte das Kind dorthin auf Stroh gebettet. In diesem Futtertrog lag es ganz ruhig.
Die Wirtin reichte Maria das Bündel. Die junge Mutter dankte der Wirtin und wickelte das Kleine in die Windeln.
„Sieh, das Kind lächelt", sagte Ruben.
„Dummer Mann", tuschelte ihm die Wirtin zu, „Kinder, die gerade geboren sind, müssen das Lächeln erst lernen."
Ruben aber beharrte darauf: „Was ich gesehen habe, habe ich gesehen. Das Kind hat gelächelt."

Wieder öffnete sich die Stalltür. Hirten und Hirtenfrauen drängten sich herein. Der Ochs senkte seinen Kopf und brummte, als ob er verhindern wollte, dass das Hirtenvolk dem Kleinen zu nahe kam.
Die Hirten stellten Geschenke für das Kind und für Josef und Maria vor die Krippe. Das waren ein Krug Milch, ein weiches Lammfell, ein Stück Schafskäse und ein frisch gebackenes Brot.
Ein Hirt gab Josef einen Krug. Er sagte zu ihm: „Wir haben heute Bier gebraut. Trink es und wünsche dem Kind ein gesundes, langes Leben."
Die Hirten beugten ihre Knie vor dem Kind und gingen leise davon. Auch die Wirtin und Ruben verließen den Stall und schlossen ganz sacht die Tür hinter sich.

„Woher habt ihr es gewusst, dass hier ein Kind zur Welt gekommen ist?", fragte Ruben die Hirten.
Der Älteste von ihnen antwortete. „Der Himmel hat gebrannt. Engel schwebten über dem Hirtenfeld. Wir hatten große Angst. Aber ein Engel sprach zu uns: ‚Fürchtet euch nicht!‘ "
„Und dann?", fragte Ruben.
Der alte Hirt zögerte ein wenig mit der Antwort. Aber dann berichtete er: „Der Engel hat verkündet, der Heiland der Welt ist heute geboren worden. Er sollte in der Futterkrippe liegen und in Windeln gewickelt sein."
„Und wir hatten erwartetet", sagte eine Hirtenfrau, „der Messias, der Heiland der Welt, würde als Königssohn geboren und in einem Palast zu Hause sein."
„Ist es nicht herrlich, dass er zuerst zu uns Armen gekommen ist?", fragte eine andere.
„Vielleicht hätten wir ihn ja gar nicht gefunden, wenn der Engel uns nicht gesagt hätte, er sei in Windeln gewickelt und liege in einer Krippe", flüsterte wieder eine andere.
Die Wirtin freute sich und sagte zu Ruben: „Wie gut, dass wir noch losgegangen sind."
„Wie gut, dass du die Windeln mitgenommen hast", fügte Ruben hinzu. „Sonst hätten die Hirten am Ende gar nicht gewusst, dass der König der Welt in dieser Nacht in Bethlehem in unserem Stall geboren worden ist."

Sie begaben sich auf den Heimweg. Rubens Bein machte ihm keine Beschwerden mehr. Er konnte laufen wie in jungen Jahren. Aber es fiel ihm erst auf, als sie schon ein gutes Stück des Wegs gegangen waren. Die Wirtin sagte: „Merkwürdig, eben noch schmerzte mich mein Rücken, aber jetzt spüre ich kaum noch etwas davon."
„Es ist der Heiland der Welt", sagte Ruben leise.
Voller Freude kehrten sie in das Gasthaus „Zum goldenen Lamm" zurück.

Am nächsten Morgen erzählten sie allen davon, die im Gasthaus übernachtet hatten. Und auch in der Zeit danach, immer wieder berichteten die Wirtin und der alte Diener Ruben von dem, was sie in der Heiligen Nacht erlebt hatten. Viele haben die Geschichte für Spinnerei gehalten und darüber gelacht. Aber es war kein fröhliches Lachen. Manche haben es geglaubt, und es wurde ihnen warm ums Herz. Vor Freude.

Ulrike Kaup / Daniele Winterhager

Kommt ein Engel geflogen

"Judith!", ruft Mama schon das dritte Mal durch das ganze Haus.
»Du kannst mir helfen, den Baum zu schmücken!«
Judith hat sich so darauf gefreut. Nur gerade jetzt hat sie wirklich
keine Lust dazu. Sie liegt auf ihrem Bett und denkt an diesen
doofen Streit mit Basti.
Inzwischen ist Mama die Treppe hochgelaufen und setzt sich
zu Judith ans Bett.

W as hast du denn?«, fragt sie und streicht ihr über die Wange.
Da muss Judith auf einmal weinen.
»Basti will nicht mehr mein Freund sein«, schluchzt sie. »Weil ich mit Andreas gespielt und ihm den kleinen Donald Duck geschenkt habe.«
»Hm«, sagt Mama und überlegt. Dann zuckt sie auf einmal zusammen und ruft: »Oje, die Gans, hoffentlich ist sie nicht angebrannt!«
Und Judith ist wieder allein.

Und als Judith dann zu Mama in die Küche geht, hat Mama alle
Hände voll damit zu tun, den Gänsebraten immer wieder zu begießen.
»Vertragt euch einfach wieder!«, sagt sie. »Morgen ist Heiligabend
und ihr führt euch auf wie zwei Streithähne!«
Aber Judith ist viel zu wütend, um sich zu vertragen.
Schließlich hat Basti den Streit angefangen und er hat dreimal
plempleme Schnepfe zu ihr gesagt und sie nur einmal Doofmann.

In einer Stunde ist es dunkel«, sagt Mama.
»Wenn du noch zum Teich willst, musst du dich beeilen!«
Da schnappt sich Judith ihre Schlittschuhe
und macht sich auf den Weg.
Am Teich ist es zum Glück nicht voll.
Viele packen schon zusammen.

Judith schnallt die Schlittschuhe an und gleitet ruhig
über die glitzernde Fläche.
Da hört sie auf einmal ein leises Flattern über ihrem Kopf.
Wie von einer jungen Taube. Sie schaut sich um, schon plumpst etwas
auf das Eis und rutscht geradewegs vor ihre Füße.
»Autsch!«, sagt das kleine Etwas mit glockenheller Stimme und hält sich
den Popo. Dann schüttelt es den Schnee von den goldenen Flügeln und

»Wer bist denn du?«, fragt Judith
und hebt das kleine Wesen vorsichtig hoch.
»Deine Flügel sind ja ganz zerstrubbelt«, sagt sie,
»damit kannst du doch nicht weiterfliegen!
Und dein Hemdchen ist nass. Du wirst dich erkälten.«
»Bloß nicht!«, sagt das kleine Wesen. »Wir Engel dürfen
zu Weihnachten keinen Schnupfen kriegen. Wie sollen wir
singen und spielen, wenn die Nase läuft?«

Deine Geige ist zum Glück heil geblieben«, sagt Judith. »Jetzt kommst du erst mal mit zu mir nach Hause.«
Judith zieht sich ihre Mütze vom Kopf und setzt den Engel hinein.
Das gefällt ihm.
Die Mütze ist kuschelig warm und riecht so gut.
»Ich bin schrecklich müde«, sagt der Engel. »Bin viel zu schnell geflogen. Will doch als Erster am Dom sein.«
Dann fallen ihm die Augen zu.
Judith drückt die Mütze sanft an sich und hält die Hand schützend über den kleinen Lockenkopf. Sie trödelt nicht und achtet doch auf jeden ihrer Schritte.
Denn wer einen schlafenden Engel im Gepäck hat, muss gut auf sich aufpassen.

Papa schippt gerade Schnee, als Judith um die Ecke der Dürerstraße biegt.
»Papa!«, ruft sie aufgeregt. »Stell dir vor, mir ist ein Engel zugeflogen!«
»Ja, ja«, sagt Papa, »setz deine Mütze auf, sonst erkältest du dich noch!«

Da geht Judith zu Mama ins Haus.
»Mama!«, ruft Judith. »Stell dir vor, mir ist
ein Engel zugeflogen!«
»Ja, ja«, sagt Mama, »stell die nassen Schlittschuhe
in den Flur auf die Matte!«

In dem Moment läuft ihr großer Bruder Justin die Treppe herunter.
Er hat seinen Walkman auf und fuchtelt mit den Armen herum.
»Justin!«, ruft Judith extra laut, »stell dir vor, mir ist
ein Engel zugeflogen!«
»Wer ist zugezogen?«, fragt Justin, und schon ist er zur Tür hinaus.

Da geht Judith in ihr Zimmer. Sie holt ihr Puppenbett
aus dem Schrank und legt den schlafenden Engel vorsichtig
in die weichen Kissen.
Ob Engel auch Zähne putzen, bevor sie schlafen gehen?, überlegt
Judith. Egal!

Beim Abendbrot sagt sie gar nichts mehr von ihrem Engel.
Sie will auch nicht fernsehen, nur ganz schnell ins Bett.
Mama wundert sich ein bisschen über Judith.
»Frische Luft macht müde«, sagt Papa. »Gute Nacht, mein Engel!«

Am nächsten Morgen wird Judith davon wach, dass ihr Willy auf die Nase fällt. Willy Waschbär vom obersten Regalbrett. Kurz darauf plumpsen auch noch Bernie, der Stofflöwe, und Kathrinchen Immerschön auf sie herunter.

Und wer sitzt ganz oben im Regal, direkt neben Matthias, dem Eselchen? Der kleine Engel.
»Es geht einfach nicht!«, sagt er verzweifelt. »Wenn meine Flügel nicht richtig schlagen, dann . . .«
»Dann kannst du nicht zum Dom fliegen«, sagt Judith.
Der Engel nickt. »Und dann kann ich nicht mitsingen im Chor der Engel. Und darauf habe ich mich doch schon so lange gefreut.«
»Das ist dann fast so, als wenn Weihnachten ausfallen würde!«, sagt Judith.
Der kleine Engel tut ihr Leid.
Sie würde ihm so gern helfen.
Wenn sie doch Basti davon erzählen könnte!
Basti hat immer gute Ideen und geschickte Hände.
Bestimmt weiß er auch, wie man Engelflügel repariert.
Wenn sie nur nicht so wütend auf ihn wäre!

Und während sie so überlegt, nimmt der kleine Engel seine Geige und spielt. Eine Melodie, so wunderschön, dass Judith ganz warm wird ums Herz. Und dieses Gefühl breitet sich aus in ihr, je länger der Engel seine Geige erklingen lässt. Bis in ihrem Herzen kein Platz mehr ist für Wut und Groll. Sie steht auf, nimmt ihre Mütze und setzt den Engel hinein.
»Wir gehen jetzt zu einem Freund«, erklärt Judith dem Engel. »Der kann dir bestimmt helfen. Der hat sogar schon mal eine junge Blaumeise aufgezogen. Die wäre sonst gestorben.«

Basti wundert sich für einen Augenblick, als Judith in der Tür steht. Aber dann sieht er den Engel. Judith braucht gar nicht viel zu erklären. Basti nimmt den Engel auf seine Hand und schaut sich die Flügel an. »Du siehst ja aus wie ein gerupftes Schneehuhn!«, sagt er.

Er setzt den Engel auf die Sofalehne und kramt eine alte
Zigarrenkiste hervor. Darin liegen Federn über Federn.
»Die meisten sind von meinem Wellensittich«, sagt er.
»Aber ich habe auch welche von Meisen und Elstern
und sogar eine vom Eichelhäher.«

Basti sucht ein paar Federn heraus und klebt eine nach der anderen vorsichtig zwischen das goldene Gefieder der Flügel.
»Wie schön«, sagt Judith, »gold gestreift mit Wellensittich!«
Endlich kann der Engel wieder fliegen. Freudestrahlend steigt er auf, heller Glanz umgibt ihn, und als er eine Proberunde in Bastis Zimmer dreht, purzelt nichts von den Regalen.

Sicher landet der kleine Engel auf der Fensterbank.
»Ich danke euch«, sagt er. »Für euch beide werde ich besonders schön singen. Aber nun müssen wir Abschied nehmen. Denn es gibt viel zu tun, wenn es weihnachtet.«
Basti öffnet das Fenster. Die Domglocken läuten schon. Da stößt sich der kleine Engel ab mit seinen nackten Füßchen und fliegt hinaus.

Die beiden Freunde schauen ihm noch lange hinterher.
Bis er in den Wolken verschwunden ist.
Nur eine goldene Feder bleibt zurück auf der Fensterbank.

»Erzähl mir, wie der Engel zu dir gekommen ist«, sagt Basti.
Und Judith erzählt.
Und immer, wenn sie fertig ist mit dem Erzählen,
fängt sie wieder von vorne an.
Weil es so schön ist,
ein Geheimnis zu teilen.
Und weil man einen Engel nicht vergessen kann.

Als Weihnachten beinahe ausgefallen wäre

Doris Wiederhold
Renate Cossmann

Wieder einmal war es kurz vor Weihnachten.

Der Weihnachtsmann packte den Schlitten
voller Geschenke, die Rentiere scharrten
ungeduldig mit den Hufen und die Engelchen
backten fleißig riesige Mengen Plätzchen.

Auf der Erde schauten die Kinder immer wieder
sehnsüchtig in den Sternenhimmel und hofften
den Weihnachtsmann mit seinem Schlitten
durch die Lüfte fliegen zu sehen.

Dann endlich war es so weit.
Der Weihnachtsmann zog seinen roten Mantel an,
setzte die Mütze auf, zupfte seinen langen, weißen
Bart zurecht, klatschte zweimal in die Hände
und schon sausten alle seine Rentiere los.

Geschwind flogen die Rentiere
durch den Sternenhimmel und von
der Erde aus konnte man sehen, dass sie
einen langen, weißen Schweif hinter
sich herzogen.

Nach einer ganzen Weile aber bekamen die Rentiere
Hunger, und weil sie es wegen Weihnachten so eilig
hatten und nicht anhalten wollten,
steckte der Weihnachtsmann ihnen ab und zu eines
der Plätzchen in den Mund, die die Engelchen
für die vielen Kinder gebacken hatten.

»Eigentlich hättet ihr ja besser frisches Heu fressen sollen und keine Zimtsterne!«, meinte der Weihnachtsmann schmunzelnd und schob sich selbst schnell noch ein kleines Schokoladenplätzchen in den Mund. »Nascht lieber nicht so viel!«

»Sie sind ja dieses Jahr wirklich sehr lecker, diese Weihnachtsplätzchen!«, meinte ein Rentier, mit vollen Backen kauend, zu einem anderen und alle Rentiere nickten heftig.

»Gib mir doch bitte noch eins!«, bettelte das erste
Rentier. »Mir aber auch!«, sagte das zweite.
»Und ich?!«, rief das dritte. »Ich habe so einen Hunger!«
Und so ging das in einem fort.

Weil der Schlitten so schwer mit Geschenken beladen,
die Plätzchen so sehr schmeckten und
der Weihnachtsmann so weichherzig war,
naschten die Rentiere ein Plätzchen nach dem anderen –
bis sie fast alle aufgegessen hatten und ihnen allesamt
der Rentierbauch furchtbar weh tat.

Ihre Bäuche zwickten und zwackten immer mehr,
so lange, bis sie gar nicht mehr über
den Sternenhimmel laufen mochten.

Erschöpft blieben sie einfach stehen.
Und dann zottelten sie ganz langsam
noch ein bisschen weiter.

»Das haben wir jetzt davon! Jetzt habt ihr doch wieder viel zu viele Plätzchen gegessen!«, sagte der Weihnachtsmann verärgert. »Und was machen wir nun? Die Kinder warten doch sehnsüchtig auf uns!«

Ratlos blickten sich die Rentiere an und jammerten noch ein kleines bisschen mehr, weil sie ihre Bauchschmerzen einfach nicht loswurden.

Zwei kleine Sternchen, an denen sie fast schon
vorbeigelaufen wären, kamen neugierig näher.
Na, und der Weihnachtsmann fragte sie um Rat.
Die Sternchen sagten: »Ach ja – Bauchschmerzen!
Haben wir auch manchmal. Ist etwas lästig,
aber nichts Besonderes!«

Rasch riefen die beiden Sternchen ein paar dicke,
weiße Wölkchen herbei.
»Kommt her, ihr Rentiere!«, sagten sie dann.
»Ab ins Wolkenbett mit euch! Die Wolken sind schön
warm und das tut eurem Bauch sehr gut!«

Artig schlüpften die Rentiere eins nach dem anderen in die dicken, weichen Wolkenbettchen, sodass nur noch ihre Köpfe mit den großen Rentiernasen herausschauten.

Inzwischen hatte der Weihnachtsmann auch die Engelchen
zu Hilfe gerufen. Die schimpften zuerst ein wenig
mit den naschhaften Rentieren.

»Ihr gefräßigen Rentiere! Jedes Jahr das Gleiche!
Ihr wisst doch, dass die Plätzchen eigentlich für
die irdischen Kinder sind, und immer
nascht ihr zu viel davon!«

Die Rentiere brummelten ein wenig verlegen vor sich hin
und eines war schon aus Versehen eingeschlafen.

Dann setzten sich die Engelchen zu den Rentieren
auf den Rand ihrer Wolkenbettchen und erzählten ihnen
wunderbare Geschichten.

Sie erzählten von den irdischen Kindern, wie sie
gerade jetzt mit ihren Eltern Weihnachtsbäume heran-
schleppten, um sie dann aufs Herrlichste zu schmücken,

von Kindern, die immerzu aus dem Haus liefen
und zum Himmel guckten, um den Rentierschlitten zu
sehen, und von Kindern, die von ihrer Oma ganz genau
wissen wollten, wie der Weihnachtsmann
nun wirklich aussieht.

Die Engelchen erzählten den Rentieren
so viele schöne Geschichten, bis ihnen ganz wohlig wurde
und sie zufrieden schnaubten.

Und nach einer kurzen Zeit merkten sie plötzlich,
dass sie gar keine Bauchschmerzen mehr hatten!
Wahrscheinlich, weil ihnen so wohlig zu Mute war.

Und auch das Rentier, das aus Versehen eingeschlafen war,
wachte auf und hatte seine Bauchschmerzen vergessen.

Übermütig sprangen die Rentiere aus ihren Wolkenbettchen heraus, bedankten sich sehr bei den Wolken für das weiche Bett, bei den Engelchen fürs Geschichtenerzählen und bei den Sternchen für die guten Ratschläge.

Schnell hüpften sie vor den Schlitten.
Der Weihnachtsmann konnte gerade noch rechtzeitig die Mütze aufsetzen und schon sausten sie los – und wie!
Die Engelchen und Sternchen konnten gar nicht so schnell hinter ihnen herwinken.

Und so kommt es, dass die Kinder in diesem Jahr
gerade noch pünktlich zu Weihnachten
ihre Geschenke bekommen haben.

Und übrigens:
Wenn ihr kurz vor Weihnachten ein paar dicke weiße
Wolken am klaren Sternenhimmel seht, dann könnte es sein,
dass wieder jemand mit Bauchschmerzen im Wolkenbett
liegt. Und wenn wieder mal etwas von eueren Naschereien
fehlt, dann war es diesmal vielleicht nicht euer naschhafter
Papa, sondern womöglich ein verfressenes Rentier.
Wer weiß?

Greta Carolat / Dorothea Ackroyd

Hillerström
hilft dem Weihnachtsmann

Der Weihnachtsmann kommt durch den hohen Schnee gestapft, aber Lars, der Elch, ist nicht da.

»Du wolltest doch erst in zwei Tagen kommen«, sagt der Schneehase, »dann ist doch erst Weihnachten!«

»Diesmal müssen wir früher los, es hat zu viel geschneit«, seufzt der Weihnachtsmann, »wir müssen einen Umweg machen, wir können nicht den Weg über den Gletscher nehmen wie sonst.«

»Aber ich weiß nicht, wo Lars ist«, murmelt der Schneehase, »den kannst du nicht mitnehmen.«

»Stimmt«, sagt der Weihnachtsmann.

Er stapft zu den Elchen Kalle und Dörtje.

»Diesmal müssen wir früher los«, sagt er, »der Schnee …«

»Jetzt können wir noch nicht mit«, meint Kalle.

»Wir müssen noch das Essen für unsere Kinder herrichten«, sagt Dörtje, »all die Zweige, Blätter und Rinden – das dauert eine Weile.«

»Stimmt«, nickt der Weihnachtsmann.

Er stapft zu dem Esel Björn.
»Aber Weihnachtsmann«, schimpft Björn, »meine Beine sind für diesen hohen Schnee doch viel zu kurz, da kommen wir beide nicht weit.«
»Stimmt«, sagt der Weihnachtsmann und stapft weiter.
Was nun?, denkt er. Wie kommen die Weihnachtsgeschenke zu den Menschenkindern? In dieser Höhle hier ruhe ich mich erst mal aus und denke nach.
Er setzt sich auf den weichen Boden.
Hat da jemand geschnarcht?
Ja, hab ich denn geschlafen?, fragt er sich.
Der Boden, auf dem er sitzt, bewegt sich.

»AAAH!«, erschrickt der Weihnachtsmann.
Unter ihm gibt es einen Erdrutsch und der Weihnachtsmann wird zur Seite geschleudert.
Wo hat er sich ausgeruht?
Auf einem … einem großen, zotteligen Eisbären.
»Wirklich – immer dasselbe!«, schimpft der Eisbär. »Es gibt doch keinen Winter, in dem ich nicht bei meinem Winterschlaf gestört werde! Wenn es nicht eine Fuchsfamilie ist, dann sind's raschelnde Fledermäuse, wenn's nicht Fledermäuse sind, sind es auftauende Eiszapfen: platsch, platsch, platsch machen die Tropfen. Das nervt!

Ich heiße Hillerström und du?«
»Ich bin der Weihnachtsmann.«
»Nie gehört«, murmelt Hillerström und gähnt.
»Schlaf halt weiter«, sagt der Weihnachtsmann.
»Nee, jetzt hab ich Hunger!«, ruft Hillerström.
Er geht in eine Ecke, riecht an einem Topf, schlabbert, schmatzt, rülpst – fertig.
»Willst du auch was?«, fragt er.
»Nein, danke«, sagt der Weihnachtsmann schnell, »nun schlaf weiter.«
»Wenn ich das jetzt so schnell wieder könnte«, beschwert sich Hillerström.

»Dann hab ich eine Idee«, sagt der Weihnachtsmann. »Jetzt lernst du das Weihnachtsfest kennen, Hillerström, es bringt allen Frieden und Liebe. Du kennst es nicht, weil du zu der Zeit immer schläfst.«
»Mmh«, sagt Hillerström.
»Ich bringe den Kindern Weihnachtsgeschenke. Und weißt du was? Du bringst mich zu ihnen hin, jetzt.«
»Mmh«, macht Hillerström wieder und gähnt mit aufgerissener Schnauze.
»Wir müssen von den Bergen ins Tal«, sagt der Weihnachtsmann, »du kommst wie gerufen!«
»Mmh«, macht Hillerström wieder. Aber er lacht.

Da klettert der Weihnachtsmann auf seinen Rücken, sie holen den Sack mit den Geschenken und dann geht's die Berge hinunter.
»Ist das viel Schnee! Mensch, ist der Winter herrlich!«, ruft Hillerström.
Der Weihnachtsmann hat Mühe sich festzuhalten.
Seine Mütze weht im Wind.
Sein Lachen poltert mit ihnen den Berg herunter.
Der Sack rumpelt. Der Schnee stiebt in alle Richtungen.
»Huiii!«, ruft der Eisbär gut gelaunt.

Als sie endlich in das obere Tal hineinschauen können, halten sie an.
»Sieht das schön aus!«, sagt Hillerström. »Was sind das alles für kleine Lichter da unten?«
»Trolle haben die Lichter angezündet, damit sie uns den Weg zu den Kindern zeigen«, antwortet der Weihnachtsmann.

»Ich mach mal ein kleines Verschnaufpäuschen«, sagt Hillerström. Der Weihnachtsmann steigt ab und – auf einmal ist Hillerström tief und fest eingeschlafen. Kein Rütteln hilft.

Da steht der Weihnachtsmann mit seinem Sack voller Geschenke und neben ihm liegt ein Eisbär im Tiefschlaf.
»Da bleibt mir nur eines übrig«, sagt der Weihnachtsmann, »mich auch auszuruhen.«
Er lehnt sich an Hillerström.
Und blinzelt mit den Augen.
Und schläft ein.
Tief.

Er wird erst wieder wach, als an ihm gezerrt, gezupft und gezogen wird.
Vor ihm stehen Lars, Kalle und Dörtje.
»Weihnachtsmann, so geht das doch nicht«, sagt Lars, »die Schneeschwalbe hat uns geholt. Ohne sie wärt ihr hier eingeschneit.«
»Und die Geschenke kommen so auch nicht zu den Kindern«, meint Dörtje.
»Wir tragen dich und den Sack jetzt«, schlägt Kalle vor.
»Nein«, sagt der Weihnachtsmann, »das habe ich mit Hillerström angefangen und jetzt machen wir das auch zusammen weiter!«
Er kneift Hillerström ein bisschen in den Po.
Lars zwickt ihn. Kalle rüttelt an ihm. Aber Hillerström schläft weiter.
Da fliegt die Schneeschwalbe ganz nah an Hillerströms Kopf und flüstert ihm etwas ins Ohr.

Und – Hillerström wacht auf.
»Hillerström, es geht weiter«, sagt der Weihnachtsmann.
Wieder saust der Weihnachtsmann auf Hillerström zu Tal.
Seine Mütze weht.
Sein Lachen dröhnt.
Der Sack rumpelt.
Der Schnee stiebt in alle Richtungen.
»Huiii!«, rufen Lars, Kalle und Dörtje. Sie laufen hinterher.
Schon erscheint das erste Dorf.

»Wohnen hier die Kinder?«, fragt der Eisbär neugierig.
»Ja«, sagt der Weihnachtsmann und steigt ab.
»Bleibt hier«, flüstert er, »ich gehe und verteile die Geschenke.«
Als er zurückkommt, sieht er in die hilflosen Gesichter der Elche. Hillerström liegt mitten im Schnee und – schläft.
»Schon wieder!«, seufzt der Weihnachtsmann.
»Hat jemand die Schneeschwalbe gesehen?«
Da ist sie schon. Sie setzt sich auf Hillerströms Hals und flüstert ihm etwas ins Ohr.
Und da wacht Hillerström wieder auf.
»Schneeschwalbe, was flüsterst du Hillerström ins Ohr?«, fragt der Weihnachtsmann.
»Von grünen Wiesen, wilden Bächen und großen Fischen«, sagt die Schneeschwalbe, »kurz, ich erzähle ihm vom Sommer.«
»Ach, Hillerström«, seufzt der Weihnachtsmann, »darf ich dich überhaupt von deinem Winterschlaf abhalten?«
»Ja«, sagt Hillerström, »aber ich will die Kinder sehen.«

Leise tapsen sie zu einem Haus, vorsichtig schauen sie durch ein Fenster.
»Da, den dreien, die dort im Bett liegen, haben wir heute was gebracht«, flüstert der Weihnachtsmann.
Hillerströms Augen strahlen.
»Alle sollen was kriegen, wir müssen weiter«, sagt er. »Aber ich will immer die Kinder sehen! Dann schlaf ich auch nicht mehr ein. – Schenken ist so schön!«
»Schenken ist manchmal das schönste Geschenk«, lächelt der Weihnachtsmann. »Und das – das ist Weihnachten.«